亚洲的可持续城市化进程

一本写给地方政府的资料

联合国人类住区规划署　　　　　　　　　　　编　著
中华人民共和国住房和城乡建设部计划财务与外事司　组织编译

图书在版编目（CIP）数据

亚洲的可持续城市化进程　一本写给地方政府的资料/联合国人类住区规划署编著. —北京：中国建筑工业出版社，2014.9
ISBN 978-7-112-17159-0

Ⅰ.①亚… Ⅱ.①联… Ⅲ.①城市化－可持续性发展－研究－亚洲 Ⅳ.①F299.301

中国版本图书馆CIP数据核字（2014）第189751号

Sustainable Urbanization in Asia: A Sourcebook for Local Governments
Copyright © United Nations Human Settlements Programme, 2012
All rights reserved. This translation published license.
United Nations Human Settlements Programme (UN-Habitat)

本书经联合国人居署正式授权翻译、出版

责任编辑：郑淮兵　王晓迪
责任校对：张　颖　关　健

亚洲的可持续城市化进程
一本写给地方政府的资料
联合国人类住区规划署　编著
中华人民共和国住房和城乡建设部计划财务与外事司　组织编译

*

中国建筑工业出版社出版（北京西郊百万庄）
北京锋尚制版有限公司制版
北京方嘉彩色印刷有限责任公司印刷

*

开本：787×1092毫米　1/16　印张：3¾　字数：75千字
2014年9月第一版　2014年9月第一次印刷
ISBN 978-7-112-17159-0
（25866）

版权所有　翻印必究
如有印装质量问题，可寄本社退换
（邮政编码100037）

免责声明

本出版物使用的材料和标识并不代表联合国秘书处关于任何合法国家、地区、城市或区域及其当局，以及关于它们的边界划定、经济结构和发展程度的任何态度。本出版物内涉及的分析、结论和建议并非与联合国人居署及其理事会的意见完全一致。

本出版物不为文中所涉的无论明示或暗示的内容提供任何形式的担保，包括但不局限于适销性，针对特定用途的适用性以及非侵权性。

联合国人居署不为任何数据的准确性或完整性作任何保证或陈述。在任何情况下，联合国人居署不为因使用本出版物导致的任何损失、损害、责任以及产生或损失的费用承担责任，包括但不限于，就其出现的任何故障、错误和遗漏。用户需承担使用本出版物的风险。在任何情况下，包括但不限于疏忽，联合国人居署或其分支机构不承担任何直接、间接、附带、特殊的损害责任，即使联合国人居署已了解可能发生的损害。

丛书编译工作委员会名单

何兴华　　住房城乡建设部计划财务外事司
李礼平　　住房城乡建设部计划财务外事司
吴志强　　同济大学
赵　辰　　南京大学建筑与城市规划学院
董　卫　　东南大学建筑学院
刘　健　　清华大学建筑学院
王莉慧　　中国建筑工业出版社

本书翻译人员名单

全书校核：黄春晓
译　　者：钱　惠
前期参与人员：郑皓昀

前言
FOREWORD

　　亚洲城市发展面临的挑战是多方面的，并且有时这些挑战呈现出压倒性的趋势，包括供应不足的基础设施，快速扩张的贫民窟，城市扩张，以及由此衍生的城市和城郊生态系统不断退化，严重的不平等和高失业率现象。很多这些地方性的挑战在全球背景如气候变化等的影响下更为严峻。本书由国际城市培训中心（IUTC）和联合国人居署联合出版，主要是提供关于城市可持续发展的基础知识、基本原则和各类案例，这些如果可以付诸实践，必将有助于城市走向正确道路。本书简要介绍了亚洲的城市化趋势，为实现可持续发展提供了一系列城市规划和管理的切入点。本书的内容主要来源于国际城市培训中心在2007年推出的可持续城市化的培训课程，未来本书也将成为这项课程的背景材料。我希望这本资料有助于提高城市领导者的能力和创造力，引导他们的城市走向正确的方向。我代表国际城市培训中心，向国际城市培训中心和联合国人居署的员工作出的宝贵贡献致敬。

Kwi-Gon Kim教授

首尔国立大学荣誉教授

国际城市培训中心理事

　　作为研究城市问题系列出版物的一个组成部分，这本关于"亚洲的可持续城市化进程"的资料，总的来说是专门为地方政府设计的，并可以为城市决策者举办的培训活动提供背景资料。它大量借鉴了联合国人居署和亚太经社会的报告——《亚洲城市状况报告2010/11》（The State of Asian Cities 2010/11）的内容。本书旨在提供城市及当地政府面临的多重挑战的总体情况，以及解决这些问题的切入点；通过多部门规划、城市管理和治理，为城市的可持续化提供框架，并强调了用系统化方法解决亚洲城市面临的多种社会、经济和环境问题的重要性。本书同时强调，把各个领域作为城市规划的切入点，可以取得立竿见影的效果。此外，本书探索了如何通过发展绿色经济使城市受益。全书突出强调了长期规划和制定决策的重要性，因为城市需要在降低温室气体排放和提高对自然灾害和气候变化的应对能力方面发挥更积极的作用。

Gulelat Kebede

联合国人类住区规划署

培训和能力建设部主管

目录
Contents

第一部分 亚洲的城市化——趋势
SECTION I: ASIAN URBANIZATION—TRENDS

1 日益推进的亚洲城市化进程 1
   INCREASING URBANIZATION IN ASIA

   1.1 城市化：对中小城市的影响最为深远 1
       URBANIZATION: MOST PROFOUND IN SMALL AND MEDIUM SIZED CITIES

   1.2 什么是中型城市？ 2
       WHAT ARE MEDIUM SIZED CITIES?

2 亚洲城市化的特征 3
   CHARACTERISTICS OF URBANIZATION IN ASIA

   2.1 经济特征 3
       ECONOMIC CHARACTERISTICS

       2.1.1 亚洲的非正规经济 5
             INFORMAL ECONOMIES IN ASIA

   2.2 社会特征 7
       SOCIAL CHARACTERISTICS

   2.3 环境特征 10
       ENVIRONMENTAL CHARACTERISTICS

       2.3.1 今日的发展策略应注入环境要素 10
             ENVIRONMENTAL CONCERNS NEED TO BE BUILT INTO TODAY'S DEVELOPMENT STRATEGIES

       2.3.2 当前普遍的环境状况 11
             PREVAILING ENVIRONMENTAL CONDITIONS

第二部分 亚洲的城市化——面临的挑战
SECTION II: ASIAN URBANIZATION—CHALLENGES

3 气候变化 15
   CLIMATE CHANGE

3.1 气候变化的介绍 15
INTRODUCTION TO CLIMATE CHANGE

3.2 气候变化的原因 16
CAUSES OF CLIMATE CHANGE

3.3 气候变化的影响 17
EFFECTS OF CLIMATE CHANGE

3.4 气候变化与发展压力：经济、社会、环境与气候变化的关联 17
CLIMATE CHANGE AND PRESSURES OF DEVELOPMENT: LINKING THE ECONOMIC, SOCIAL AND ENVIRONMENTAL WITH CLIMATE CHANGE

4 亚洲城市是否已准备好应对现实挑战？ 19
ARE ASIAN CITIES EQUIPPED TO TACKLE PRESENT CHALLENGES?

4.1 亚洲城市化的三大主要压力 19
THE THREE MAIN PRESSURES ON ASIAN URBANIZATION

第三部分　可持续城市化的发展框架
SECTION III: A FRAMEWORK FOR URBAN SUSTAINABILITY

5 可持续城市化的指导原则 23
GUIDING PRINCIPLES FOR SUSTAINABLE URBANIZATION

5.1 什么是可持续城市化？如何看待它？ 23
SUSTAINABLE URBANIZATION AND HOW IT SHOULD BE VIEWED

5.2 可持续性的原则 23
PRINCIPLES OF SUSTAINABILITY

5.3 部门和机构的整合 24
INTEGRATION OF SECTORS AND INSTITUTIONS

5.3.1 城市发展的一体化方式 25
AN INTEGRATED APPROACH TO URBAN DEVELOPMENT

5.4 为群众建造城市，与群众共建城市 25
BUILDING CITIES FOR THE PEOPLE, WITH THE PEOPLE

6 为你的城市引进可持续性概念 28
INTRODUCING SUSTAINABILITY IN YOUR CITY

6.1	绿色经济 GREEN ECONOMY	28
6.2	加强绿色经济发展的条件 ENHANCING CONDITIONS FOR A GREEN ECONOMY	28
6.3	创造绿色职业 CREATING GREEN JOBS	31

7 城市韧性
URBAN RESILIENCE — 34

7.1	韧性的含义 UNDERSTANDING RESILIENCE	34
7.2	降低灾害风险 DISASTER RISK REDUCTION	35
7.3	适应气候变化 ADAPTING TO CLIMATE CHANGE	36
7.4	减缓气候变化 MITIGATING CLIMATE CHANGE	37

8 部门切入点
SECTORAL ENTRY POINTS — 38

8.1	固体废弃物管理：集成式可持续废弃物管理（ISWM） SOLID WASTE MANAGEMENT: INTEGRATED SUSTAINABLE WASTE MANAGEMENT (ISWM)	38
8.2	可持续的城市能源 SUSTAINABLE URBAN ENERGY	39
8.3	提升城市交通：通过发展公共交通导向型发展模式，打造可持续发展的无障碍城市 IMPROVED URBAN MOBILITY: A SUSTAINABLE, ACCESSIBLE CITY THROUGH TRANSIT ORIENTED DEVELOPMENT	40

9 战略规划
STRATEGIC PLANNING — 42

9.1	规划框架 THE PLANNING FRAMEWORK	42

9.2 市域规划：循序渐进 42
CITYWIDE PLANNING: TAKING ONE STEP AT A TIME

10 政策建议 46
POLICY RECOMMENDATIONS

10.1 地方政府的未来政策考虑 46
FUTURE POLICY CONSIDERATIONS FOR LOCAL GOVERNMENTS

Dhaka
达卡市 ©UN Photo-Kibae Park

亚洲的城市化——趋势
ASIAN URBANIZATION—TRENDS

第一部分
SECTION I

1 日益推进的亚洲城市化进程
INCREASING URBANIZATION IN ASIA

在过去几十年内，亚洲的人口数量出现了惊人的变化。1990年，亚太地区的城市人口刚刚超过10亿，而在接下来的20年，这个数字增长了超过75%，至今已达17.6亿，并将继续保持这个增长趋势。预计到2030年将有26亿人口居住在亚洲的城市中。虽然预计到2026年亚洲的城市化率不会超过50%，但其城市人口比例已从1990年的31.5%增加到2010年的42.2%，以10.7%的增长率位居全球各区之首。人口数量的增长造成不断提高的城市人口密度，给许多亚洲国家的经济、社会和环境结构以及资源带来巨大的压力，同时也加大了气候变化的风险。这些增长趋势意味着我们需要规划师、决策者和其他与城市发展进程相关的人士认识到这些问题的重要性，以及为所有在城市中生活的人创造更公平、对环境影响更小和更成功的城市空间的必要性。

1.1 城市化：对中小城市的影响最为深远
URBANIZATION: MOST PROFOUND IN SMALL AND MEDIUM SIZED CITIES

世界上特大城市（人口达到或超过1000万的城市）的数量不断增长，亚洲的特大城市占了其中的一半（21个中的12个）。这些高度城市化的地区吸引并占据了大部分发展性投资，它们同时还是创意中心，是配备了全国最先进的教育和文化机构的知识中心，并派生了充满活力、多用途和多元文化并存的城市空间。

图表1.1：亚洲城市化的趋势
FIGURE1.1: ASIA'S URBANIZATION TRENDS

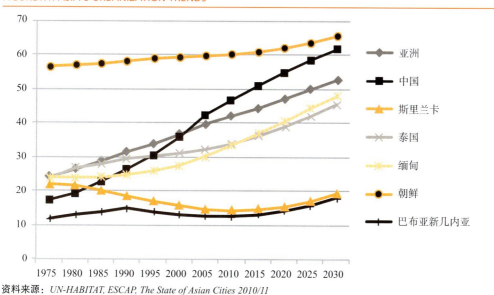

资料来源：*UN-HABITAT, ESCAP, The State of Asian Cities 2010/11*

然而，近几十年来，有越来越多的亚洲城市人口选择居住在较小的城市或城镇而非特大城市，这种趋势在未来二十年里将会继续保持下去（见图表1.2）。如今，60%的亚洲城市人口居住在人口低于100万的城市地区。

1.2 什么是中型城市？
WHAT ARE MEDIUM SIZED CITIES?

人口低于100万的城市是区域的经济增长极，它为农产品和城市服务提供了市场，在农村地区和更大的城市中心之间发挥了重要的桥梁作用。因此，中型城市成为农村地区和全球经济间重要的间接联系。许多小城镇不仅是地区或次地区的行政总部，同样是农村移民在迁徙过程中的"跳板"。更重要的是，许多中小型亚洲城镇，其本身已经成为重要的经济中心。因此，我们应更加重视这类城市的可持续发展规划。

尽管是区域的经济增长极，大多数中型城市的基础设施和公共服务仍然不足，并缺乏城市规划的能力。这将增加环境遭到严重破坏和负担的风险，并使这些城市及其居民受短期利益的诱惑而忽视整体长远和稳定的发展，从而无法充分发挥城市的经济和社会潜力。

上海 2008
Shanghai 2008 © UN-habitat/alain Grimard

图表1.2：亚洲的住区分布
FIGURE1.2: THE DISTRIBUTION OF SETTLEMENTS IN ASIA

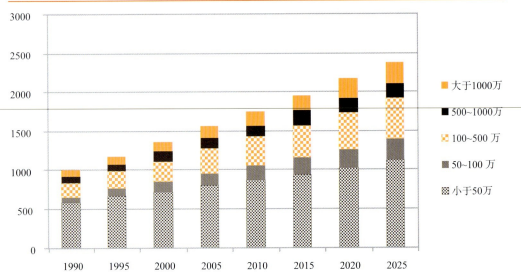

资料来源：*UN-HABITAT, ESCAP, The State of Asian Cities 2010/11*

这种危害体现在城市在应对当前发生频率越来越高、强度日益增加的自然灾害的脆弱性上。因此，了解亚洲城市的演变特征和城市化的趋势与面临的挑战是十分重要的，这有助于认识可持续规划和行动的切实需求，从而为当代和后代促进稳定、公平的发展，针对气候变化采取有效手段。

> **思考：**
>
> 你所在的城市人口增长有多快？
>
> 你所在城市的人口增长速度是否快于你国家的其他城市？
>
> 这种人口增长的驱动力是什么？

2 亚洲城市化的特征
CHARACTERISTICS OF URBANIZATION IN ASIA

在过去的几十年间，亚洲的城市化率以前所未有的速度增长，但这种发展模式是以日益增长的社会和环境成本为代价的。尽管这种以经济和科技进步为名义的城市化发展为一部分人创造了高品质的生活，但它同时也将社会、经济和环境的负面效应强加在弱势群体和边缘人群身上。以下章节将具体阐释亚洲经济、社会和环境背景下的城市化发展及其对城市居民的影响。

2.1 经济特征
ECONOMIC CHARACTERISTICS

亚洲城市越来越期望实现经济的多样化，并在全球范围内成为重要、创新的服务供应商。

城市化：经济发展的驱动力

在亚太地区，城市是国家经济的主要引擎。城市中心仅凭40%的人口就贡献了80%的区域经济产出。

值得注意的是，从1990年到2008年，区域的综合生产总值几乎翻了一番。城市内部和周边地区的外商直接投资是促进亚洲在全球生产网络重要性提高的主要动力。亚洲的城市人口密度高和土地混合利用的特点使城市成为能承载多样化活动的独特空间，它们是：

— 带来多元化和强大的经济实力的中心。

— 在减少贫困方面有巨大潜力的中心。

亚洲经济的发展模式：

- **出口导向的增长**：出口是亚洲国家经济增长和就业的重要来源。通过整合国际资本和大量廉价劳动力，亚洲出现了大量制造业基地。随着亚洲国家的发展，一些国家开始制造高附加值的零部件和资本货物。这些货物传统上都被销往国外市场，但随着经济增长，国内市场进一步扩大，并正在成为增长战略的重要组成部分。

- **知识经济**：今天，亚洲已不再是廉价工业品和服务的来源。许多亚洲国家通过提升国家的创新能力，让下一代人采取外包形式而非仅仅输出廉价劳动力寻求新的发展机遇。越来越多的西方企业已经不再在亚洲寻找廉价劳动力，而转向挖掘新人才，将其研究开发部门转移到亚洲地区（如印度的班加罗尔）。这增强了亚洲在全球范围内的创新潜力。

- **金融中心**：金融服务业成为城市极具吸引力的产业部门，它满足了国内外投资者直接或间接的需求。作为一个富有活力的快速增长部门，金融服务业是地区、国家甚至全球范围的主要经济资产。除了东京、新加坡和香港之外，一些亚洲城市如上海和孟买，也在不断努力成为国际性的金融中心。

上述提及的经济增长模式表明了亚洲在成为全球经济中领跑者的进展。然而对于中小型城市而言，激发它们发展潜能的困难在于缺乏成本效益和高质量的基础设施、有效的监管机制以及制定和实施地方经济增长策略的能力，另一个重要困难在于不能正确把握动态的、不断扩大规模的、独特的非正规经济。

图表2.1：亚太地区城市和农村占GDP的比重（1990~2008年）
FIGURE2.1: URBAN VS. RURAL SHARE IN GDP IN ASIA AND THE PACIFIC (1990-2008)

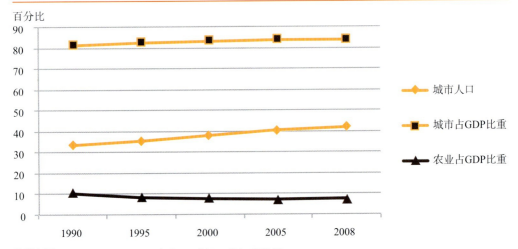

资料来源：*UN-HABITAT, ESCAP, The State of Asian Cities 2010/11*

图表 2.2：亚太地区城市地区的GDP比重
FIGURE 2.2: SHARE OF URBAN AREAS IN GDP, ASIA AND THE PACIFIC

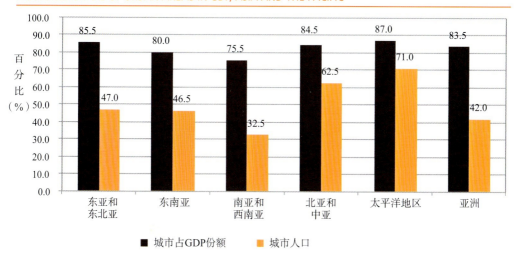

资料来源：UN-HABITAT, ESCAP, The State of Asian Cities 2010/11

2.1.1 亚洲的非正规经济
INFORMAL ECONOMIES IN ASIA

非正规经济在亚洲城市随处可见，通过提供成本低却十分重要的产品和服务，为正规经济的成功发展提供支撑。正规经济和非正规经济间既有直接联系，也有间接联系，两者间常常呈现相互依存的关系。城市化和非正规经济间则呈现出一种积极的联系，前者的提高将带动后者的增加。非正规经济在城市化进程中之所以重要，在于它几乎是世界上所有地区城市化的早期表征，并且常常被认为是经济发展高级化转型过程中的基础部分。

图2.3：不同年份城市就业中非正规就业在非农业就业中的比重（%）
CHART 2.3: SHARE OF INFORMAL JOBS IN NON-AGRICULTURAL, URBAN EMPLOYMENT, VARIOUS YEARS (%)

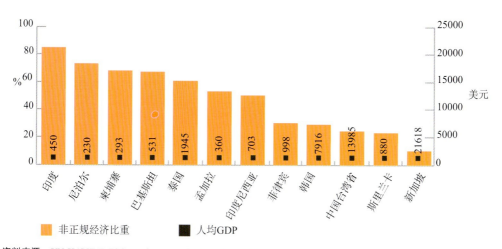

资料来源：UN-HABITAT, ESCAP, The State of Asian Cities 2010/11

目前城市化的发展并未充分考虑非正规经济及其对国家和地方经济的贡献。政策制定者以前所未有的态度关注规范经济的升级，通常认为非正规经济是个问题而忽视它革新的一面以及数百万美元的收入贡献。

除此之外，非正规经济还是那些找不到正规就业机会的居民获得基本收入、就业和生存机会的重要来源。因此，它高效地吸纳了来城市寻求发展机会的农村移民。

> **专栏1：城市如何支持街头摊贩**
> **Box1: HOW CITIES CAN SUPPORT STREET VENDORS**
>
> **菲律宾奎松市**
>
> 在致力于非正规经济部门的合法化上，奎松市通过"综合小贩管理计划"给商贩提供摊位，通过颁发"市长证"和象征性收费，将商贩安排到路旁的人行道或开敞空间进行营业，其中会优先考虑摊贩协会的成员。小商贩们还可以通过马尼拉社区服务公司的自主创业项目取得信用贷款。（amin, 2002）
>
> **马来西亚吉隆坡**
>
> 马来西亚是亚洲为数不多的另一个承认街头商贩合法性的国家。马来西亚政府在1990年制订了一系列针对街头商贩的国家政策，其中包括为信贷计划和培训方案提供资金，以使街头商贩提升业务实践和设施水平。这一政策是宏观政策的一部分，它致力于将首都吉隆坡打造成一个"为当地居民和游客共享的、整洁、健康、美丽的城市"。这一计划不仅将街头商贩集中安置在建筑物或中心景点的餐饮中心，还为流动商贩设计了客货车。
>
> 和其他东南亚城市一样，自1997~1998年金融危机以来，吉隆坡的街头商贩数量急剧上升，这为那些失去了正式工作的人提供了另一种生存方式。截至2000年，持牌经营的街头小贩数量已接近35000个，而其中还不包括12000个无照经营者。（bhowmik, 2005）
>
> UN-HABITAT, ESCAP, *The State of Asian Cities 2010/11*（引自：*Kohpaiboon (2008) and ZsinWoon et al. (2007)*）

2.2 社会特征
SOCIAL CHARACTERISTICS

经济的增长并未让亚洲所有的城市居民平等获益，超过40%的亚洲城市居民住在简陋的房屋和拥挤的贫民窟中（亚洲发展银行，2010）。贫困在亚洲发展中国家中呈现以下特征（其中包括）：

- 在建设基础服务设施的过程中，出现了大量虎头蛇尾的项目和工程，且这一现象有日益加剧的趋势。

- 由于缺乏足够和安全的居所，造成严重的拥挤、无家可归和环境健康问题。

- 对健康问题、环境冲击和自然灾害的抵御力降低。

- 城市内不公平现象增加，显著的居住隔离，以及在不同程度上影响妇女和穷人的暴力行为。

提供基本的城市服务不仅仅是公众健康和经济发展的关键，而且对妇女和儿童

> **贫民窟居民的困境**
>
> 城市不平等和贫困最突出的表现是贫民窟。贫民窟居民没有如其期待地享受到"城市优势"，而是被拒绝确立在城市中的合法地位，被剥夺各类城市服务，以这些方式支付城市罚金。他们一直面临被驱逐的危险，缺少政治发言权，被城市生活如体面的住房、安全和法律、教育和健康保障排除在外，这些至今还被拥有特权的少数人垄断。

的尊严和基本安全同样重要。东亚国家在保障饮用水方面已获得巨大进展（覆盖率达98%）（见表格2.1）。部分东南亚城市已实现饮用水全面覆盖，另一部分城市也已取得了重大进展，但仍有不少国家相对落后。

此外，还有部分亚洲国家的基本供水率在下降。这一现象和贫困以及居住在非正规居所（如贫民窟）的城市居民所占比重出现显著增长有关，因为这些没有合法使用权的非正规居所常常无法接入自来水。（State of Asian Cities Report, 2011）。

表 2.1：1990~2008年城市人口获取用水的情况
TABLE2.1: URBAN POPULATION: ACCESS TO WATER SUPPLY, 1990-2008

国家	1990	2000	2008	国家	1990	2000	2008
东亚				东亚			
韩国	97	98	100	朝鲜	100	100	100
中国	97	98	98	蒙古	81	88	97
南亚				东南亚			
不丹	N/A	99	99	马来西亚	94	99	100
马尔代夫	100	100	99	新加坡	100	100	100
伊朗	98	98	98	泰国	97	98	99
斯里兰卡	91	95	98	越南	98	94	99
印度	90	93	96	菲律宾	93	93	93
巴基斯坦	96	95	95	印度尼西亚	92	90	89
孟加拉国	88	86	85	柬埔寨	52	64	81
尼泊尔	96	94	93	缅甸	87	80	75
阿富汗	N/A	36	78	老挝	N/A	77 72	72

>98 %   >95%   <95%

资料来源：UN-HABITAT, ESCAP, The State of Asian Cities 2010/11

总的来说，对于大多数亚洲次区域而言，为城市提供如供水和卫生设施、固体废弃物收集和处置以及交通运输等基本服务仍然是个挑战。这也许是缺乏特定公共资源和与非正规居所的合法使用权相关事项共同造成的。

随着城市中心的不断拓展，对土地的需求也日益增加，因为缺乏合法保障，城市贫民被迫迁离市中心，这扰乱了对他们生存至关重要的社会和经济网络。

随着亚洲整体收入的增加，除了少数国家之外，亚洲整体的绝对贫困人数有所减少。图表2.4可表明，在许多国家中，超过20%的居民生活水平仍处于贫困线以下，即日平均收入低于1.25美元。

专栏2：印度尼西亚的村庄改善计划
Box2: INDONESIA'S KAMPUNG IMPROVEMENT PROGRAMME

1969年在印尼推出的具有创新精神的村庄改善计划（KIP）是发展中国家的第一批城市贫民窟改造项目，其基本理念是提供基础城市服务，如马路和人行道，供水、排水系统和卫生设施，以及健康和教育设施。这一计划很快就成为将非正规居民点的贫民窟改造成城市结构中的正规组成部分的典范。通过改善Kampung（马来语，意为"村庄"或"小村庄"）的条件，使之成为官方认可的合法居民点，在1969年到1974年期间，市政当局有效地改善了雅加达1.2亿贫民窟居民的生活，并给予他们应有的保障。

1974年，为了加快推进和推广该项目，世界银行决定通过提供软贷款的方式对项目给予支持。1979年，印尼政府将KIP列入国家政策。到1982年世界银行停止提供资金支持时，这一方案已成功改善了近500万城市贫民的日常生活条件。该项目的成功主要归功于长期的监测和评估、试错的经验以及社区的支持这三个因素。

在过去30年里，KIP经历了几个发展阶段：从改善城市的物理环境到基于社区的发展。最初几年，这一方案得到了政府、国际组织和人民的充分支持。尽管城市的快速扩张仍是KIP面临的一个重大挑战，但近年来，来自政府和社会各界的支持开始逐渐减弱，而且也没有国际组织的资金的支持来保证项目以原有的速度继续发展。因此这个亚洲发展中国家的第一个贫民窟改善计划的实施并未能跟上印尼城市贫民窟的增长速度。

资料来源：UN-HABITAT, ESCAP, *The State of Asian Cities 2010/11*

图表2.4：亚太地区日平均收入低于1.25美元的人口数
CHART2.4: POPULATIONS LIVING ON LESS THAN USD 1.25 A DAY IN ASIA AND THE PACIFIC

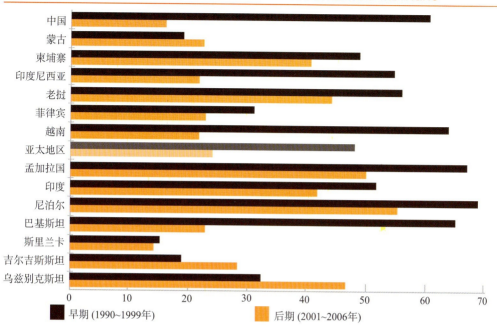

资料来源：*UN-HABITAT, ESCAP, The State of Asian Cities 2010/11*

然而，许多国家贫困率的绝对下降是和城乡不平等状况显著增长同时发生的。这表明经济的扩张更有利于富人而非穷人。另一趋势是同一国家不同城市间收入呈现出显著的差异。如北京的不平等指数（基尼系数）位于世界最低行列，而香港的基尼系数几乎是亚洲最高的。

图表2.5：城市内部的不平等情况（基尼系数）
CHART2.5: INTRA-URBAN INEQUALITIES (GINI COEFFICIENTS)

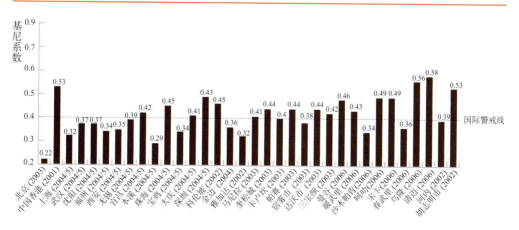

资料来源：*UN-HABITAT, ESCAP, The State of Asian Cities 2010/11*

2.3 环境特征
ENVIRONMENTAL CHARACTERISTICS

亚洲地区不仅有国家工业政策的扶持，而且发达国家还向其转移了大量劳动密集型、低技术含量和非环境友好型的产业。正因为乐于接受并得益于大量的外国直接投资，亚洲地区现在已经成为名副其实的"世界工厂"。对经济增长的关注，以及不得不面对的普遍性贫困，减少了亚洲地区对环境问题的关注，尤其是那些与城市发展息息相关的环境问题，而这也与滞后的法律和低下的执行力有着很大的关系。依照现有的能耗模式，亚洲自然资源的人均占有量将很快低于世界其他地区。在这样高资源和高能源的需求下，亚洲城市的发展在环境上是不可持续的。高能耗的基础设施、发展模式和增长战略，会在未来几年内让亚洲城市陷入不可持续的消费和生产模式的囹圄。

因为亚洲正处于快速城市化的背景之下，亚洲城市目前正面临着严重的环境问题——污染、交通拥堵、过度浪费等。关注经济增长对环境的影响十分重要，要以一种不会造成自然资源严重枯竭或危及后代的方式，为人们提供足够的住房、能源、水、卫生设施和交通工具（解决以上提及的社会和经济问题）。这在本质上让环境问题成为公众的焦点，而且为实现可持续的城市化，要将环境问题作为现在和未来的努力的一个组成部分。

2.3.1 今日的发展策略应注入环境要素
ENVIRONMENTAL CONCERNS NEED TO BE BUILT INTO TODAY'S DEVELOPMENT STRATEGIES

由于高失业率和严重的贫困问题，政府经常通过工业化来优先发展经济。虽然环境问题被公认为很重要，但政府仍然认为当经济达到了预期的发展水平后，环境问题就可以得到解决。这种亡羊补牢的做法往往会增加不必要的成本，而且会对环境造成巨大破坏，所有这些都会给城市居民带来巨大的负面效应。

不顾贫困人群的需求，树立形象工程

地方当局往往致力于打造"全球化"的城市以吸引游客和投资者，但这却通常是以制造城市贫困为代价的。下列均为掩盖城市切实需求的花哨举措：

— 天桥、高架高速公路与交通管理和规划

— 高层住宅与非正规住区的升级

— 大型商业综合体与传统市场

— 将城市中心的贫困人口转移至周边以改善城市形象与根除贫困

健康和城市环境

亚洲城市中许多人的健康状况不佳，主要是由于在恶劣的环境条件影响下容易滋生营养不良、贫困、拥挤的生活条件，以及空气和水质污染等问题。这些环境状况不仅对医疗设施带来巨大压力，而且许多穷人无法第一时间使用这些医疗设施或其他健康服务。在这些不卫生的条件下，人口密度较高的亚洲城市特别容易产生疾病的育种、诱变和传播。

2.3.2 当前普遍的环境状况
PREVAILING ENVIRONMENTAL CONDITIONS

空气：每年因空气污染而过早死亡的人数高达519000人。

空气污染主要来自于两个方面：

- 固定污染源如发电厂、工业活动和住宅及商业建筑。

- 移动污染源特别是机动车辆，其保养不善、燃油品质不佳和交通管理欠缺会造成严重的空气污染。

对亚洲地区的空气质量，尚没有一个全面的了解，目前的研究最多只能得到某些城市的空气质量变化，它们反映了某些城市的空气质量改善情况，如曼谷、科伦坡、达卡等，但在雅加达、金边、乌兰巴托等城市，空气质量急剧下降。空气质量的下降主要因为日益增长的汽车拥有率、城市中心区的工业集聚（如上所述）以及在烹饪和取暖中使用低质煤炭和木材三个原因。

除了干旱和洪水外，水资源面临的威胁因素还有很多，包括卫生基础设施条件差、河流污染和地下水的过度使用等。

目前，亚洲城市政府意识到维护和（或）更换旧的供水系统是一个难题，其中很多城市都被因重大泄漏而造成水资源严重浪费的问题所困扰。

废水的回收利用对缓解水资源缺乏的压力有显著作用。但截至目前，只有少数亚洲城市拥有建设大型污水处理设备的能力或资源，这被认为是一个严重的问题。

> **水资源短缺**
>
> 联合国教科文组织指出，当一个国家的水资源总开采量大于每年水资源总量的40%，该国可以被认定为"水资源稀缺"。
>
> 十年前亚洲开发银行曾对18个亚洲城市做调查。结果表明，大多数城市的水开采量都超出年需要补给量的60%以上，如中国的成都、上海等城市的超出量更是在80%以上。亚洲面临的另一挑战是老化的配水系统，例如仅因为配水系统的渗漏，在加德满都就有约35%~40%的洁净水被浪费了，在卡拉奇30%的洁净水被浪费，同样，在钦奈25%~30%洁净水被浪费。由于用水需求的增长和/或因渗漏造成的损失导致水价提高，这对穷人更不公平。

在亚洲地区，改善卫生条件和废水处理是水资源管理的重点。

固体废弃物：尽管有所改进，堆填仍是大多数亚洲城市处理固体废弃物的主要方法。虽然许多国家的政府试图改善相关服务和设施，发展中的亚洲城市仍然面临着缺乏废弃物管理的严峻问题。尽管所有亚洲国家都有关于管理废弃物收集和处理的政策条例，但这些规则和法规的实施仍然不到位。固体废物的收集和处理不到位是造成亚洲城市中健康危害、环境退化和温室气体等问题的原因之一。这表明了提升政策法规的实施以及通过和增加城市居民的合作来提高社会认识的必要性。

发展中国家的废弃物数量迅速增长的原因包括以下几个：

- 在城市里工作和生活的人口数不断增长。

- 随着国民收入的提高和生活方式的改变，平均每人产出的废弃物增加。

- 企业排放的废弃物增加。

除此之外，废弃物中的物质组成也更加复杂多样，致使废弃物的管理回收更加困难，从而造成更大程度的污染。

尼泊尔的贫民窟
Slum in Nepal © UN-habitat

废弃物管理不到位的风险

低收入国家的废弃物中水分含量较高的有机物成分相对较多，如果缺乏正规或仅有非正规的收集服务，这些城市的生活垃圾最终会和粪便、传染性医疗废弃物和其他有害物质混合在一起，给人们带来更大的疾病和其他风险。

例如，未经收集的废物会堵塞下水道，造成水流停滞，导致蚊虫滋生或污染当地居民日常使用、烹饪和清洁用水的水源。另一个疾病传播的来源是那些经常在垃圾堆放过多的垃圾场觅食的动物。

UN-HABITAT (2011), Solid Waste Management in the World's Cities

2009年的曼谷
Bangkok 2009 © UN-habitat/alain Grimard

思考:

你所在的城市可持续发展面临的最大挑战是什么？

谁受这一挑战影响最大？

在预防或改造城市贫民窟方面有什么政策和做法？

非正规经济对你所在城市的总体经济有何贡献？

交通
Traffic ©UN-Habitat/B. Barth

亚洲的城市化——面临的挑战
ASIAN URBANIZATION—CHALLENGES

第二部分 SECTION II

3 气候变化
CLIMATE CHANGE

3.1 气候变化的介绍
INTRODUCTION TO CLIMATE CHANGE

气候变化是指随着时间的推移，一个地区或整个地球气候的平均值和极端值的变化。气候变化的测算依据为温度、降水、风力、风暴和其他天气指标的变化。

气候变化的关键测算指标是地球表面的平均温度。在过去的50年间，全球平均气温上升了0.65℃。尽管有些地区平均气温上升比其他地区明显要高，但几乎没有地区不受气温上升的影响。在未来100年，在人类活动的影响下，地球表面的温度预计会上升1~4℃。

联合国政府间气候变化专门委员会在其第四次评估报告（2007年）中指出："自20世纪中期以来，观测到的全球平均气温上升很大一部分是由于人为（人类活动）引起的温室气体浓度增加造成的。"大气中的二氧化碳和其他温室气体含量的增加主要来源于化石燃料的燃烧和土地利用的变化，这使得全球气温以人类历史前所未有的速度在升高。

历史上，工业化国家一直是温室气体的主要排放源，其人均排放量也是最高的。然而，到了2004年，南亚和东亚的发展中国家的温室气体排放量分别占全球温室气体排放量的13.1%和17.3%（IPCC，2007），而且中国已经超过美国成为温室气体排放量最大的国家。

城市地区的能源需求，包括亚洲正在快速发展的城市，是产生温室气体的主要来源。尤其是随着亚洲地区住房和基础设施的建设运营速度加快，以及小汽车拥有量增加，对能源的需求可能会使亚洲温室气体的人均和总排放量增加。

亚太地区也常因气候变化受到严重影响。该地区已经经历过很多与气候相关的灾害，而且这些灾害预计将会随着气候变化的日渐频繁而增加。亚洲城市由于其规模、地理位置和海拔，最容易受到由气候变化而引发的灾害的影响，如干旱、热浪、洪水和飓风，这些灾害会影响到城市生活的各个方面。城市贫民又往往被迫在风险最大的地区生活，因此尤其容易受到灾害影响。

3.2 气候变化的原因
CAUSES OF CLIMATE CHANGE

经济和环境

亚洲地区80%以上的初级能源供应都来自于化石燃料。在很难得到现代能源的地区，生物燃料仍是重要的能源来源。在快速发展的经济的带动下，亚洲的能源消耗总量将随着发电量和私家车使用量的增加而持续增长。

交通运输的影响

因交通运输产生的温室气体占了全球温室气体排放量的1/3。即使更严格的排放标准和技术进步降低了每辆汽车的温室气体排放量，但在亚洲地区，汽车的总体排放量仍随汽车数量的日益增长而继续增加。根据国际能源机构的预测，20年后亚洲的机动车总量将是现在的4倍。预计到2030年，亚洲的能源消耗占全球的比例将从目前的6.5%上升至19%，增长近三倍。

建筑

国际能源机构的数据表明，建筑是高达40%的世界总能源使用端，并占全球温室气体排放量约24%。建筑，特别是高层建筑，往往由如混凝土和钢筋等高耗能材料建造。建筑物的日常运作，包括采暖、制冷、照明等，消耗了更多的能源。据联合国政府间气候变化专门委员会估测，建筑行业在减少温室气体排放方面有很高的潜力，因为相对而言，为提高能源效率所花费的投资额要低于因耗能降低而节省的成本。

（State of Asian Cities Report, 2010）

泰国曼谷
Bangkok, Thailand © UN habitat

韩国首尔，一列火车在蜿蜒地行驶
A train snakes its way through Seoul，Korea © UN Photo-Kibae Park

3.3 气候变化的影响
EFFECTS OF CLIMATE CHANGE

自然灾害的增加

许多亚洲城市位于沿海平原，势必遭受更频繁的洪水涌潮和风暴灾害。亚洲地区发生如热浪、热带气旋、长期干旱和强降雨等极端天气事件的概率非常高。实际上，在20世纪，全球因自然灾害死亡的人数中亚洲占91%，而在全球因自然灾害带来的经济损失中亚洲占49%。

海平面上升

亚洲城市约有18%的人口生活在地势低洼的沿海地区。有学者的研究数据表明，在2000年，超过23.8亿人生活在位于低海拔沿海地区（海拔低于10米）的亚洲城市中，预计到2010年这个数字将上升至30.4亿。作为气候变化的后果，这些地区将很可能面临海平面上升和风暴潮带来的危险。

城市中穷人最易受气候变化影响

由于缺乏适当的土地或房屋，城市贫困人口往往生活在环境脆弱的地区，如低洼地区、河流或湖泊沿岸、陡峭的山坡或靠近废物填埋点的地方等。这些地区都可能受气候变化的影响变得更加脆弱，如降雨量增加和洪水、强气旋、台风和风暴、海平面上升等。此外，穷人更容易因水和食物的短缺以及疾病的迅速蔓延而受到影响。

生态难民

在亚太地区，有数以千计的城市和城镇，在那里生活的许多居民未来的生活都面临着越来越大的不确定性，居住在自然灾害频发的农村和城市地区的数百万人口被重新定位为潜在的"生态难民"（即众所周知的气候变化难民）。城市因为需要新的居住区来安置搬迁的生态难民，所以会进一步减少用于粮食生产的土地总量，这给城市带来了巨大的挑战。

（State of Asian Cities Report, 2010）

巴基斯坦开伯尔–普赫图赫瓦区的居民
Residents Of Khyber Pakhtunkhwa district in Pakistan ©
UN-habitat

3.4 气候变化与发展压力：经济、社会、环境与气候变化的关联
CLIMATE CHANGE AND PRESSURES OF DEVELOPMENT: LINKING THE ECONOMIC, SOCIAL AND ENVIRONMENTAL WITH CLIMATE CHANGE

气候变化与可持续发展的关系是错综复杂的。来自环境、经济和社会发展的需求会促进温室气体的排放，而气候变化可能会削弱城市可持续发展的要素（见图表3.1）。

图表 3.1：可持续发展和气候变化
FIGURE3.1: SUSTAINABLE DEVELOPMENT AND CLIMATE CHANGE

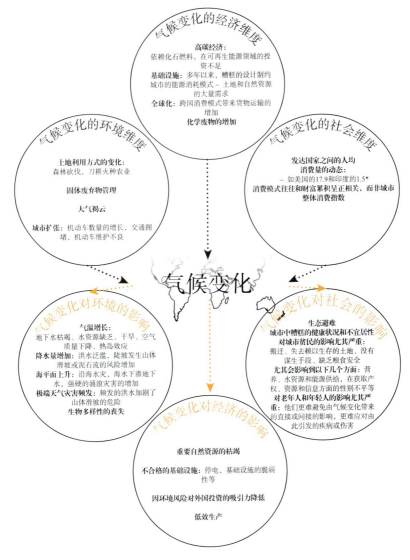

*阅读更多资料，请参考联合国环境规划署 *Atmosperic Brown Clouds: Regional Assessment Report with Focus on Asia*, http://www.unep.org? pdf/ABCSummaryFINAL.pdf

---

思考：

你所在的城市如何加剧了气候变化？是否带来了严重的后果？

你所在的城市受到气候变化的哪些影响？不同的经济活动、群体和地区是否受到不同程度的影响？

4 亚洲城市是否已准备好应对现实挑战?
ARE ASIAN CITIES EQUIPPED TO TACKLE PRESENT CHALLENGES?

亚洲城市着力发展经济、提高社会包容性和应对环境挑战的过程，塑造了其长期可持续发展的能力。亚洲的城市规划实践，和其国家和城市历史以及现有政治管理体系一样复杂多样。因此，为更好认清"亚洲城市规划实践"的特征，需要考虑这种复杂多样性。历史悠久的中国和印度文明、日本的空间限制、俄罗斯的社会主义规划模式及其对北亚和中亚国家的影响、东南亚众多充满活力的文化以及澳大利亚、新西兰和太平洋群岛等独特的历史和文化底蕴，这些背景都造成了城市规划背景环境和实践的特殊性，因此每个国家都需要对自身进行研究，然而我们可以观察到亚洲国家仍具有一些共同特点。

在20世纪，西方的城市规划模式对亚洲城市的规划文化有很大影响。许多亚洲国家试图将他们城市的未来发展规划建立在实现现代化的理念以及"赶超西方"的目标上（Watson, 2009）。然而，西方的城市现代主义及其结果，往往被认为并不适合作为实现亚洲城市化进程中的参考标准，而且学术界通常认为这一主义会加大对环境和社会经济的考验。

4.1 亚洲城市化的三大主要压力
THE THREE MAIN PRESSURES ON ASIAN URBANIZATION

由于地域的限制（如东京、中国香港和孟买）以及城市周边地区相对于空间扩展和人口的快速增长而落后的基础设施建设步伐等各种因素，当代亚洲城市仍然表现出比同等规模的西方城市更突出的高密度。

当代亚洲城市的快速增长形成了其形态特征，具体表现为规划及非规划的空间扩张。

随着经济的自由化，不断增加的移民和日益壮大的中产阶层带来了更大的人口

> **现代主义城市的共同特征**
>
> 城市现代主义与以下特征中的一个或多个相关联：
>
> - 优先考虑城市的美观，使之开阔、整洁、气派，几乎没有给穷人或非正式经济提供任何机会。
>
> - 在假设较高汽车保有量的前提下优先考虑车辆的机动性。
>
> - 土地的分离利用－将土地分割成若干功能单一的片区，如住宅区、社区设施置放区、零售区、商业区、工业区，并假定人们把汽车作为往来这些片区的交通工具。
>
> - 为不同的收入群体设定不同的居住密度（例如较低的密度－独栋住宅－高收入群体）。
>
> （*Watson, 2009*）

压力，中国经历了戏剧化的城市转型。

在更大尺度上，由于其在经济发展上的优势，城市走廊和大型城市区域得到发展。国家政府通过加强税收和基础设施建设等政策鼓励特区发展（见中国深圳经济

特区（SEZ））。

目前对生态原则的考虑已纳入新城市地区的规划中，如韩国松岛的城市设计已获得了LEED认证，另一个例子是中国的崇明东滩。尽管如此，这些努力并不能满足这些城市中人们因财富积累和改变生活方式而增加的生态足迹（生态需要面积）。经济因素仍然是城市化进程的主要驱动力。

城市规划是确保亚洲城市可持续发展的关键。规划可以指导城市的成长、协调经济繁荣与社会融合，并将对环境的影响降至最低。

现行主流的城市规划和管理方法都存在一个关键性问题，即它们无法适应快速成长的城市中大部分居民的"生活方式"，尤其是那些生活在非正规居住区的居民。

城市总体规划往往不能解决21世纪城市面临的重大难题，如气候变化、粮食安全危机、石油枯竭以及非正规要素等。

城市规划在监管方面通常遵循西方标准和相关的技术要求，但这样做不仅复杂、耗时、成本高，而且不适用于对城市贫民的规划监管。另一个问题是，制定规划的专家很少或根本不与社区进行交流协商。因此，规划师缺乏对发展中国家城市贫困和城市化背景环境和动态变化的了解，这导致规划中对于亚洲城市的价值观、生活方式和发展重点等的判断和实际情况脱节。（UN-HABITAT 2009）。

思考：

你所在的城市中有哪些规划得到资助并得以实施，哪些规划已过时或未被执行？

你所在的城市中有百分之多少的空间是经过规划的？百分之多少的人生活在未经规划的区域？

城市的文化背景对城市的快速转型有多大程度的影响？

哪种城市密度和类型可以反映并适合当地的生活方式？

Cont next pg...

亚洲城市正在经历快速转型的过程。通过学习过去欧洲或北美类似城市转型的经验和教训，在规划过程中可以避免哪些错误？如何充分应用新技术（从高层建筑到"智慧城市"）？

当今亚洲的城市规划实践趋势是什么？不同区域之间存在什么样的差异？可以以什么方式引入外部模式？如何在保留地方规划的传统的同时实现现代化以适应新的需求？

目前的城市规划模式是否有助于你所在国家实现可持续发展？城市化的驱动力是什么？

城市规划是否考虑了当地的文化和公众参与过程？

昌原市
Changwon ©UN-Habitat/B. Barth

可持续城市化的发展框架
A FRAMEWORK FOR URBAN SUSTAINABILITY

第三部分
SECTION III

5 可持续城市化的指导原则
GUIDING PRINCIPLES FOR SUSTAINABLE URBANIZATION

> "我们还不知道自然现象和人类行为长期相互作用的原因和影响。但可以肯定的是,如果要在资源有限的世界中创造长期价值,就需要一个统一的规划手段。"
>
> ——加里·劳伦斯
> 西雅图市前总规划师

5.1 什么是可持续城市化?如何看待它?
SUSTAINABLE URBANIZATION AND HOW IT SHOULD BE VIEWED

要实现可持续城市化,就必须认识到,可持续发展并不仅是减少城市的生态足迹或是提高城市基础设施的耐用性。人们已经意识到,任何地区、任何规模的城市,如果想要实现可持续发展,都不能仅依靠现有的"城市总体规划",或那些把城市规划、城市管理和城市治理相孤立的传统的规划手段和方法。因此,本书认为可持续城市化是一个过程,这一过程在社会、经济和环境这三大发展方面倡导综合的、充分考虑性别差异和预防贫困的方法,在满足当前需求的同时保障未来的发展需求。

为了让城市化沿这条路径进行,国家和当地的决策者在制定政策时要理解并确立可持续发展所需的基本原则。

5.2 可持续性的原则
PRINCIPLES OF SUSTAINABILITY

无论是在国家或地区的范围内,可持续发展要求所有形式的发展及相关政策的评价都应建立在三个标准的基础上(见下图中的"3E"三角形)。

这一做法在地方层面上可以保证,决策者采取的每一个举措,无论其最初目的是为经济、社会还是环境服务,都要考虑其他方面以形成同时满足这三个方面可持续性的综合解决方案。这保证了任何行动不仅对环境有益,同时也能保障经济活力和维护社会公正。

良好的规划、治理和管理是实现可持续发展的必要条件。这一框架同时关注有什么人参与、管治和管理,有什么效果,会影响到哪些人,需要做什么以及怎么做。

为了满足城市可持续发展的迫切需要,地方政府需要承担规划、治理和管理城市的职能,而这一职能反过来又要求对地方政府、其部门及工作人员的制度能力进行评估。这更多的时候需要的不是高效的能力提升手段,这个需求远远超出了个人技术能力的培养。

图表5.1：可持续的城市化
FIGURE 5.1: SUSTAINABLE URBANIZATION

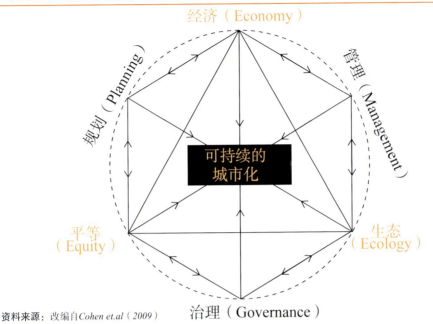

资料来源：改编自 *Cohen et.al*（2009）

以下7个方面有助于你所在的城市建立可持续发展的原则

- 采用恰当的技术，创造对环境无害和低碳节能的建筑环境。
- 创造充满活力、韧性和富有竞争力的地方经济，为市民提供体面的工作和生活。
- 可达的、并有益于应对贫困的用地安排、基础设施、服务、交通和住房。
- 能促使城市和社区有能力针对困境和变化进行规划和有效管理的管治结构。
- 具有社会包容性的、关注性别差异的、安全和健康的发展模式。
- 公众参与式规划和决策过程。
- 创造一个没有歧视和权利平等的城市环境。

资料来源：改编自 *World Urban Campaign (UN-HABITAT)*

5.3 部门和机构的整合
INTEGRATION OF SECTORS AND INSTITUTIONS

通过全面综合的规划、治理和管理来实现可持续发展似乎是个艰巨的任务—特别是在地方层面预算有限且有约束的情况下。然而，通过采取创新的思维在对现有资源进行鉴别和利用的基础上，实现公平和可行的生态高效发展，最终逐步实现可持续发展，这一做法是切实可行的。

部门政策和参与者是目前城市发展的主要动力。地方不同的政府部门、私营部门和其他城市利益相关者更关注城市的"局部"，而没有从城市全面的可持续发展的角度有效整合各自的发展手段。可持续的城市化需要整合各种不同的策略和理念，才能在保护环境的同时，有效地打造一个高竞争力和高生活品质的城市。

5.3.1 城市发展的一体化方式
AN INTEGRATED APPROACH TO URBAN DEVELOPMENT

以下三个策略可以帮助地方政府形成城市发展的一体化的方法：

- 以资产（而非需求）为基础的方法。以需求作为发展动力会导致发展对外部资源的依赖。依托现有资产基础和机会则有助于形成"内驱式发展"模式，推动构建对本地相关重大问题采取合作的态度以及为经济增长创造机会的伙伴关系。

- 横向整合——部门之间的整合。它让地方当局能够在部门间寻求城市可持续发展的新机遇，以及提出本质上横跨各部门的发展难题。

- 纵向整合——组织机构和行动者之间的整合。这是源于权力分散和多角色环境的要求，需要对政策和战略的规划和执行进行整合。纵向整合包括两个维度：自上而下（如从国家到地方政府，从城市机构到社区委员会）和自下而上（如从地方到国家政府，从社区委员会或社区组织到城市机构）。

5.4 为群众建造城市，与群众共建城市
BUILDING CITIES FOR THE PEOPLE, WITH THE PEOPLE

城市基础设施和公共服务规划设计的公众参与环节是明确需要有哪些改变、为什么需要改变和怎样改变的三个问题的基础。

一个城市的城市建设中所有利益相关者的参与可确保采取的任何行动和提供的服务能准确反映人们的需求，同时能让全社会更公平地享受到城市发展带来的好处。组织良好的公众参与体制可以更好地关注不同利益群体，如妇女、青年、老年人和残疾人士；公众参与也可以协调不同发展目标之间的冲突，除此之外，它还是一种可以探索所有可能选择的方法。

有许多条件和指导原则能确保"参与"超越肤浅的咨询而成为一种有意义的实践，并发挥重要的作用，包括：

地方层面的重要性

由于中央政府的权力下放和全球化的趋势，地方当局的职责范围不断扩大。如今地方当局发现自己已置身于涉及多方角色的环境中，并且需要涵盖多个专业领域，包括住房、基础设施、社会和社区服务、地方经济发展和环境保护。因此，现代城市问题和挑战的多维度和交叉性需要对城市管理有一个整合性的展望。不同部门因而应通过整合城市规划和发展的物质、社会文化和经济方面实现更密切的合作。大部分生态效益产出可以通过某种体制和组织结构实现，这种结构能够通过集成各部门的解决方案实行健康高效的城市管理。

（ESCAP, UN-HABITAT, 2011）

创造一个有利的环境：

- 一个在政治和官僚机构方面都负责任的城市领导。

- 有上级政府支持的、有利的国家政策和法律框架。

- 在城市或都市区层面，通过恰当的政治管理，辅以直接和间接的公众参与来确保规划过程中的各方的协调与各自的责任。

- 公众参与具有范围广、包容性强的特点，它包含了所有利益相关者，特别是弱势群体；它建立多种渠道让各级政府层面所有的社会群体都能得以参与。

- 市民社会和社区组织同样需要参与到规划协调过程中并得到支持。它们有效组织和赋予穷人权力的方法非常值得学习。

创造一个激励性的公众参与流程：

- 建立一个易于理解的、透明的和基于清晰的基本规则之上的公开、公平和负责的公众参与流程。

- 明确区分短期和长期的目标，确立其合法性及保持一致性，快速的进展必须要基于所选择的短期行动的实现。

- 通过确定合适的优先目标和行动顺序来实施结果。

- 在基于解决冲突的技巧和可靠的政治决策支持下努力达成共识的意愿。

- 建立监测和评价流程以监督进展情况

公众参与的好处

各级层次的规划中都涉及各种公众参与手段。许多基础设施相关项目在组织过程中就融入公众参与的要素。不同主体的公众参与的程度和本质都有所不同。地方政府需要确保他们选择到合适的公众参与程度。对于一个简单的项目，一个非正式的会议可能就足够了，而复杂的工程则需要大范围的参与过程。

公众参与有很多好处，包括：

— 更科学的规划流程和问题识别

— 更好更快的执行

— 更好地回应当地需求

— 更强的、优先次序明确的在预算内实施的能力

— 居民更好地理解规划的问题

— 居民更好地支持规划项目

— 当地居民的更强归属感和影响力

— 社区凝聚力的提升

— 充分利用人们的经验和社会资源

（ESCAP, UN-HABITAT, 2011）

及结果，并从经验中学习。这个监督流程同样也必须允许市民参与到监控的实施中。

- 地方政府组织、国家政府、双边捐助者和（或）国际机构对城市的长期支持，并促进他们之间的知识共享。

- 在多个部门的城市规划和管理以及用地规划中建立立法和实践层面的紧密联系以保证公众参与手段对用地规划和规划决策带来积极影响。

（ESCAP, UN-HABITAT, 2011）

思考：

你所在的城市在城市治理、规划和管理方面如何促进城市的可持续发展？

你如何让市民参与到城市规划和发展的过程中？

6 为你的城市引进可持续性概念
INTRODUCING SUSTAINABILITY IN YOUR CITY

当前城市很少能大规模调整城市物质环境或改变城市设计。因此,有必要了解如何在造成最低损害的前提下将可持续发展的原则应用到当前亚洲的城市。以下章节将通过亚洲地区成功的实践案例来详细阐述在目前的背景下实现可持续化的手段和实践。

6.1 绿色经济
GREEN ECONOMY

经济发展是亚洲发展中国家的第一要务,这带来经济和环境议题之间越来越严重的冲突。绿色经济可以提高人类福利水平、维护社会公平,同时可显著降低环境风险和生态稀缺性(联合国环境规划署)。这一概念把经济发展和环境保护相联系,并试图证明它们其实并不相互排斥。绿色经济致力于将经济导向基于低碳、能源集约利用基础上的更高级、更公平的发展方向。它被认为是将可持续发展的原则应用到现在的城市当中的一个科学的现代手段,其措施能够在促进经济增长、就业提升的同时保护环境,它不仅整合了各个方面,而且更吸引人的是它并没有隐藏城市要实现经济大发展的野心。虽然亚洲的一些绿色产业是出口导向型的,但有很多产业都建立在提供本地所需的服务的基础上的。因为这些岗位不能轻易出口,因而这些产业的发展被认为可以促进当地就业。这也是一个吸引清洁型、高新技术产业的机会,可帮助这些城市成为创新和就业中心(Sustainablecities.net,2007年),而这反过来又能培育当地技术和能力,形成新的产业集群,以及培育具有创新能力的中小型企业。

6.2 加强绿色经济发展的条件
ENHANCING CONDITIONS FOR A GREEN ECONOMY

可以通过以下来实现:

- 最小化分区管理的限制,通过土地管理工具、激励措施、建筑更新等允许城市有序的高密度和扩展。

> **城市和绿色经济的原则**
>
> — 运用创新的思维和技术,最大限度利用现有的基础设施。
>
> — 高效发展并不是摒弃所有熟悉的方法来采取全新激进的手段,而是科学地利用现有资源。
>
> — 亚洲开发银行和国际货币基金组织估计未来10年需要4.7万亿美元来满足建设新基础设施的要求和1.6万亿美元来更新老化的基础设施。
>
> — 从资源密集型的基础设施提供转向采用绿色环保的建筑方式和提倡翻新现有建筑来提升水和能源的利用效率,这已经成为未来绿色经济可能提供的主要就业机会所在。目前公认在建筑节能改造上每100万美元的投资能提供10~14个直接就业机会和3~4个间接就业机会。
>
> — 可持续的基础设施也为运输服务业

等其他领域提供更多的就业机会，这些领域通常占据城市就业市场的很大部分（在许多国家运输服务业占总就业数的1%~2%）。

- 对那些原本会被送到垃圾填埋场的物品的人工提炼也为废弃物部门创造更多的就业机会，这对非正规部门的失业人员尤为有利。

资料来源：Swilling et al., 2010

- 对工业、铁路、军营和港口废弃土地的棕地重新利用实现内城的再发展，这不仅可以减少城市边缘的发展压力，还能带来额外好处，如税收、增加就业机会、减少温室气体排放量以及降低基础设施所需的投资。

- 在公共交通车站周边提供更多的发展，简称为"公交导向发展"。这种方式降低了人们对私家车的依赖，因而可减少温室气体的排放量，实现城市的有序扩张。

使用阻碍城市扩张的土地利用模式

这包括了鼓励以混合土地利用和中高密度为方法实现城市未来更紧凑的发展，通过高效公共交通和提高人口阈值来支撑集聚的经济活动、服务和设施，同时留有足够的绿色空间来改善周围的生态系统。当然，城市需要通过多样化的发展方式来实现可持续发展。因此，紧凑型发展模式应该在条件合适的地方实施，在条件不合适的地区要修正后再实施。在亚洲地区，由于其自然灾害发生频率较高，高密度发展必须不能以增加人们、财产和更大范围城市资产的脆弱性为代价。

图表6.1：低密度的城市扩张地区
FIGURE6.1: SPRAWLING LOW DENSITY CITY REGION

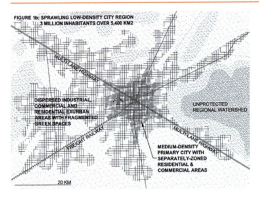

资料来源：*UN-HABITAT (2011) Urban Patterns for Sustainable Development: Towards a Green Economy.*（一个主要由低密度的、卫星城广为分布的大都市组成的城市化地区，非常不适合发展大运量的交通和对基础设施进行战略化布局，这样的做法不利于生态系统发挥功能：不仅会增加消耗和排放，还会使得更为广阔的土地景观碎片化。）

"未利用的空间可被用于提高城市密度"
"**Unused urban spaces can be used to densify cities**" © UN-habitat/b. barth

专栏3：高效节能的紧凑型设计：新加坡
Box3: ENERGY EFFICIENT COMPACT DESIGN: SINGAPORE

好的城市规划是建立高效、可持续发展的城市的重要组成部分。新加坡全面的、综合性的城市规划给城市带来高标准的基础设施。通过建立高层建筑，打造高密度的城市形态，减少私家车出行量和提倡在居民步行距离内或紧邻公共交通的区位设置社区设施等手段，可确保城市最大限度利用其资源。在城市、社区、建筑层面上有意实施的城市绿化政策包括使用能重复利用的建筑材料，既提高了能源效率，也使气候变化的影响最小化。研究表明密集型的城市地区比扩张型的城市地区散发更少的辐射能。（Yuen & Kong, 2009）

扩大和完善基础设施网络

一个富有竞争力的城市地区需要配备完善的基础设施网络。这不仅指将基础设施的建设扩展到有需要的地方，还包括升级现有设施系统以实现最高效的利用。在一次采访中从世界各地25个主要城市的利益相关者口中得知，网络基础设施是吸引私人投资的最大因素。

这可以通过以下方式实现：

- 鼓励高效率的多式联运系统，这将减少人们对私人汽车的依赖和有助于城市紧凑发展。城市中心的公共交通的高可达性增加了城市保持国际竞争力的机会。

- 能源供应的紧缺性会阻碍经济和社会发展，而使用替代性能源可以降低这种紧缺性。替代性能源的技术进步让

构建"更绿色的"建设环境

在全球范围内住房（建筑、维修、供暖、制冷和照明）占据了总能源消耗的40%。因此，建立更高效的结构和改造现有的结构可以显著减少现有能源和水的使用量。在一些能源贫瘠的经济中，节约能源正迅速成为一种必然。除了节约资金和留下更少的碳足迹，高效能源的环境健康益处（减少空气污染，通过自然通风提高热舒适性等）也是非常明显。这些益处可以通过病假天数的减少反映。尽管实现上述这些的初始投资可能较高，但总体上长期节约下来的费用要大于初始投资成本。

6.3 创造绿色职业
CREATING GREEN JOBS

"当谈到'绿色职业'，许多人会想到工业部门通过昂贵的自动化实现能源和废物的高效利用。其实事实并非如此，绿色产业是指我们使用比目前更少的自然资源维持我们的正常生活。在许多情况下，它是指使技能和产品变得更加环保可持续，同时确保工人获得合理的工资和福利的产业。"（TIME，2008年绿色职业指南，2011）

尽管这种方法可能对一个向着可持续方向发展的城市的物质结构没有太大的直接影响，其重点在于通过培育城市里的"绿色"产业创造一个更加可持续的就业市

这些资源的使用更可行，以满足在环境友好方式下被压抑的能源需求。城市应善于利用这些科技进步，这在当前化石燃料价格不断攀升的情况下尤其重要，也让替代性能源更具有竞争力。

这可通过以下实现：

- 使建筑规范现代化，要求采用更可持续的建设方式和更具环保特色，如使用太阳能热水器。

- 确保建筑和建设的改革与以建设更高效的城市形态为目标的可持续的城市规划一致。

- 倡导尽快进行立法改革，包括推动新建筑技术的教育立法和制定采用这种技术的财政刺激政策。

亚洲的绿色就业需求

最近趋势表明，由于亚洲贸易导向型部门可预见的缩减，外来工和蓝领的就业机会也将会急剧减少。例如，中国的采矿业的就业人数从1996年的900万下降到2007年的560万，下降率为38%。

亚洲制造业极有可能因全球温室气体排放量日趋严格的控制而经历巨大转变。气候变化议题日益迫切，为修复和/或减轻由高碳型全球经济造成的损害所需的时间不断缩减——这迫使许多亚洲经济体承诺碳减排目标。对低碳消耗产业较少的亚洲而言，在此基础上继续发展的压力更大。因此，在绿色产业部门创造就业机会是实现可持续发展的有效途径。

（*Asian Business Council, 2010*）

> **专栏4：低能耗的办公楼：马来西亚**
> **Box4: LOW-ENERGY OFFICE BUILDING: MALAYSIA**
>
> 这座低能耗的政府大办公楼是马来西亚第一座此类型的建筑。这座建筑位于普特拉贾亚，预期比没有采用高效能设计的建筑节约50%的能源，它实际上超过了这一预期，总节约量达到了58%。
>
> 这所建筑采用的能源节约手段包括：
>
> - 窗户尽量少朝向阳光直接照射的地方。
> - 窗户配有相应的遮光设备，以实现最大透光的同时最大限度地减少热量。
> - 房顶配备了100mm的绝缘材料（常规的是25mm），形成第二防护层，以防止太阳直接照射。
>
> 这些简单的手法和其他的创新如新的照明系统、自然通风系统等等一起减少了建筑的能源负担。
>
> （*Asia Business Council, 2007*）

场，提供了一个能同时实现公平与可持续发展的、在经济和环境方面都有吸引力的方式。

为了进一步说明转变到更有效和可持续经济发展模式的迫切需求，需要了解未来亚洲劳动力数量的预测值及其对国家和城市经济的意义。图表6.2展示了亚洲经济体面临的多种劳动力挑战。

图表6.2：劳动力资源丰富的国家与劳动力资源匮乏的国家
FIGURE6.2: LABOR-RICH VS. LABOR-POOR ECONOMIES

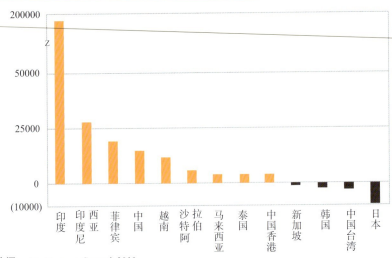

资料来源：*Asia Business Council, 2010*

依照目前的趋势，世界适龄劳动人口到2025年将从2010年的45亿增长到52亿。在新增的7亿工人当中，3亿工人被认为是亚洲地区新增的。然而，这些趋势因不同国家和地区而异。

一些国家和地区如韩国、日本、新加坡和中国台湾等将面临人口老龄化问题，随着时间的推移将呈现相对"劳动力缺乏"状态。然而，一些国家，如印度、菲律宾、印尼、马来西亚和越南在未来将有较充足的劳动力市场，使它们呈现相对"劳动力丰富"的状态。对于劳动力充足的经济而言，其挑战主要是雇佣多余的工人和通过生产性产业产生真正的经济成果。而"劳动力缺乏"的国家将需要让其不断减少的劳动力从事高附加值的工作，以减轻他们赡养不断增长的退休人口的压力，以及为高新技术产业找到掌握合适技能的工人。

创造绿色就业机会的优势

- 新兴的绿色经济具有灵活性，可以在更广泛的技能和经验范围内提供就业机会。
- 与减少碳排放相关的产业如可再生能源部门和废弃物管理部门，可以创造新的就业机会。
- 据估计，未来二十年世界各地的绿色就业机会数量可能达到1亿。这些工作可以从看似和绿色产业毫无关系的现有产业中衍生出来。
- 特别对劳动力充足的经济而言，更多的国内就业机会将减少移民数量或在国外工作的压力，带来更多的国内经济效益。

（*Asia Business Council, 2010*）

仰光：非正式的废物回收
©UN-habitat/b. barth

思考：

你认为你所在的城市有哪些实现"绿色经济"的机会？
哪些行业可能自己创造绿色职业？

7 城市韧性
URBAN RESILIENCE

7.1 韧性的含义
UNDERSTANDING RESILIENCE

我们人类的家园和生活在很大程度上依赖于由地球自然系统提供的资源。因此，城市社区的韧性部分取决于这些生态系统缓冲、恢复以及适应各种环境变化及相关的社会经济影响的能力。

培育城市的韧性包括能准确地意识到，不管经验如何丰富，对未来气候变化的预测都不可能100%的准确。联合国人居署的城市和气候变化倡议（CCCI）和洛克菲勒基金会的亚洲城市气候变化抗灾网（ACCCRN）认为这种气候变化的不确定性要求建立适应性更强的解决方案，而非针对某一特定的未来气候而专门设计的方案。

此外，与气候变化相关的风险危害在各国之间或某个国家内部并不是均匀分布的。例如，气候变化可能对小岛屿上的发展中国家影响最大，这其中包括一些世界上最贫困的国家。同时，在很多国家，城市贫民通常生活在环境脆弱的地区（如低洼地区、沿河或湖泊的岸边、陡峭的山坡或接近废弃物填埋点），这些地方有可能由于气候变化和自然灾害发生频率的增加变得更加脆弱。因此，由于贫民窟居民面对自然灾害的脆弱性和穷人对气候敏感性自然资源的依赖性，提升城市的韧性应建立在有益于贫困人群的基础上。韧性因此可以理解为一个过程，这个过程使城市不仅能应对冲击和压力，也能应对来自贫困的挑战以及更普遍地改善人们的生活质量。

正如亚洲城市气候变化

抗灾网指出的，一个有韧性的城市会把特定要素吸纳进城市系统中，以抵御不同的挑战。

备份：指用几个城市系统提供类似的服务功能。当一个系统被破坏时，另一个系统可以提供替代服务。例如，使用多种能源和多个途径分配电力并输送至全市，这可被认为是城市基础设施的备份。

灵活性：有韧性的城市要能够消除冲击和/或延缓负面效果的产生，并具备可以避免巨大的、灾难性的后果的能力。如果一个系统或组织失效，城市动态的灵活性可确保通过其他系统实现冲击的最小化。这可以包括一个多元化的经济，人们不完全依赖于单一行业，因此当某一行业衰败或被扰乱时，有一系列可供选择的部门和行业吸纳劳动力和为劳动者提供其他的生计。

重组能力：是指在不断变化的情况和条件下适应或发展的能力。

它包括当认识到某些方法不再恰当或有效的时候，应该不断致力于寻找新的解决方案和策略以应对不断变化的挑战。

学习能力：这强调了吸取以往经验的必要性，确保在未来的决策过程中能认识到过去所犯的错误，从中吸取的教训和成功经验。

（ACCCRN, 2009）

城市韧性要素

此图根据抗灾联盟内容绘制

7.2 降低灾害风险
DISASTER RISK REDUCTION

降低灾害风险是培育城市韧性的一个关键因素，其旨在大幅降低如地震、洪水、飓风等自然灾害造成的破坏程度。这可以通过系统分析和减少导致自然灾害（如飓风）产生危害的根本要素来实现。一般认为灾难造成破坏的严重程度主要取决于其影响的客体。

联合国国际减灾战略为城市韧性运动列了一张包含10点提高城市韧性要素的一览表。

10个提高城市韧性要素一览表

- 在公民团体和民间社会参与的基础上实现组织和协调，以了解和降低灾害风险。建立地区联盟，确保各部门认清自己在降低和预防灾害风险中的角色。
- 为降低灾害风险分配财政预算，鼓励房屋所有者、低收入家庭、社区、企业和公共部门为降低他们面临的灾害风险投资。
- 保持更新有关自然灾害和脆弱点的数据；编制风险评估并将其作为城市发展规划和决策的基础。确保这些可增强城市韧性的信息和规划向公众公开并有充分的公众参与。
- 投资和维护减少城市风险的关键基础设施如排涝设施，调整必要的设施以适应气候变化。
- 对所有学校和医疗机构进行风险评估并进行必要的升级改进。
- 采用和执行可行、符合风险标准的建筑法规和土地利用规划原则。为低收入群体选择安全的居住地，并在可行的情况下升级发展中的非正规住区。
- 确保有供当地社区和学校推行降低灾害风险的培训教育。
- 保护生态系统和天然缓冲区，以减轻洪水、风暴潮和其他城市对其应对能力较弱的灾害的破坏程度。通过科学的降低风险手段建造城市以适应气候变化。
- 在城市安装早期预警系统和应急管理系统，并定期举行公众灾害预警演练。
- 在灾害之后，保证把幸存者需求置于重建的最重要地位，通过支持他们和他们所在的社区来组织设计和落实应对措施，包括重建家园和恢复生活。

UNISDR 2010（http://www.unisdr.org）

7.3 适应气候变化
ADAPTING TO CLIMATE CHANGE

适应是指采取行动应对气候变化。这些通常可以通过利用现有城市资源并结合获取逐步可用的额外资金来实现。保护附近山丘上的森林或种植新树木可以防止山体滑坡和洪水。红树林作为一种天然的防波堤可保护土地不受风暴潮的破坏。这些都是让城市更好适应气候变化带来的负面影响做法的一部分。上一节提及的降低灾害风险是适应气候变化的一个关键因素。

然而，适应气候变化的内涵更为广泛，例如减少温室气体排放本身就是适应的做法，因为从长远来看，它间接地减少气候变化的影响。适应气候变化是指降低脆弱性，这包括降低面对气候灾害的可能性（例如，从海岸线附近或洪水易发区迁走），通过建立更好的房屋或洪水防御系统或转变生活方式减低对气候影响的敏感性以及提高环境适应能力。

亚洲城市的气候变化适应措施

社会方面

- 提高社区的韧性。
- 贫民窟改造：重新安置极其脆弱的住宅区和基础设施。
- 确保所有相关行动者和组织在科学管治的推动下形成良好的能力和知识。
- 投资高效的应急服务。
- 训练有素的和供应充足的健康服务。

经济方面

- 建立融资机制，如联合国气候变化框架公约（UNFCC）。
- 保险体系。
- 确保经济沿着可持续发展的原则发展。
- 多样化的就业，尤其应关注对气候有依赖性的生活生计。

环境方面

- 让城市基础设施能够抵御气候灾害，如海堤和风暴潮屏障，以及下水道、卫生、运输和能源基础设施。
- 探索基于生态系统的适应措施（沿海地区的修复、重新造林、湿地，以及生态系统的恢复），以降低极端气候事件如洪涝和海平面上升的影响。
- 探索都市农业以适应气候变化。
- 投资能承担风暴时期水量的排水系统。
- 设置早期预警系统。
- 减少排放及充分处理固体废弃物。
- 减少交通和城市基础设施对环境的负担。

城市规划、管理和治理方面

- 在城市中，建立最高层面的气候变化协调机制。
- 针对气候防灾的土地利用规划及城市总体和分区规划。
- 气候变化和自然灾害的影响范围不会和市政边界重合，因此政府管治系统需对这一事实有所应对。
- 环境管理需要考虑气候变化的影响。
- 灾害管理需要考虑灾害不断变化的本质。

（UNISDR, 2005, ICLEI, 2009, UN-HABITAT 2011）

> **专栏5：菲律宾索索贡市对气候变化的应对**
> **Box5: CLIMATE CHANE RESPONSE, SORSOGON CITY IN THE PHILIPPINES**
>
> 基于对本市气候变化脆弱性的评估，索索贡市设立了一个城市范围内包括居民和利益相关者的综合协商流程，这一流程制定了应对气候变化的规划，包括四个主要方面：
>
> 住房和基础设施部分主要关注制定低收入家庭住房在气候变化韧性方面的最低的建筑标准，并将其运用到示范性房屋上。民生方面需关注最脆弱的部门（渔业和农业）和替代的生计活动。降低气候和灾害风险的部分主要关注三个方面——更好的社会信息和社会意识、国家和地区不同政府部门间更好的协调以及改造学校建筑用作疏散中心。第四个方面侧重于缓解气候变化，索索贡市在有限的温室气体排放量方面的工作成效尤为显著。早期城市致力于将传统的灯泡转化为CFL灯泡。缓解计划的第二个关键要素是无处不在的对机动三轮车的改造，这些三轮车作为出租车，它们大多数都使用二冲程发动机。菲律宾的电动自行车技术已经成熟，一家社会银行为这一转变提供资助。索索贡市目前正积极商讨下一步计划。想要了解更多信息请点击：www.unhabit.org.ph/climate-change.

菲律宾索索贡市
© UN-habitat/bernhard barth

联合国人居署发起的有关城市和气候变化的倡议，已经在超过20个亚太地区的城市得到了响应，这可以让对此倡议感兴趣的其他城市从中受益，并吸取大量经验。
(www.unhabitat.org/ccci).

7.4 减缓气候变化
MITIGATING CLIMATE CHANGE

减缓气候变化即是减少温室气体。对许多亚洲城市而言，减缓气候变化比适应气候变化的优先级可能较低。因为中小型城市总的温室气体排放量相对较小，应对正在发生的气候变化的压力较高。

但减缓气候变化也是有其道理的，其中一些原因在第6章中的绿色经济已经讨论，而在接下来的第8章"特定部门切入点"中也会提及。

为什么城市要降低温室气体的排放量？

- 即使不存在气候变化，有很多"以免将来后悔"的减排措施也十分合理。

例如节约能源可降低能源损耗，并在一定程度上减少空气污染。

- 减缓城市扩张速度可以降低运输、基础设施服务和相关的环境成本。

- 当今的投资决策可以将未来可能不可持续的排放量"控制"在一定水平。

城市该如何减少温室气体的排放量？

- **城市设计**：利用机会提高城市密度，减少城市蔓延，这些都将减少基础设施和运输的需求以及相应产生的温室气体排放。

- **交通**：投资公共交通，促进非机动交通工具的使用。

- **建筑**："绿"化市政大楼，推广节能建筑和建筑技术及材料，采取激励手段促进能源节约。

- **废弃物**：把有机废物制成堆肥，或从垃圾填埋场回收沼气。

- **能源**：鼓励使用可再生能源，如太阳能热水器。

思考：

你的城市是否评估过气候变化脆弱性？

在你看来，地方政府应对气候变化应该采取的关键行动是什么？

有什么方法可以增强你所在城市应对灾害的能力？

8　部门切入点
SECTORAL ENTRY POINTS

尽管可持续发展需要整合多个部门和参与者，解决当地的可持续发展问题最可行的办法仍然是通过对特定市政部门机会的识别和管理。部门切入点对地方政府极其重要，因为微小的变化可以带来巨大差异。通常不需要外部的技术或资金支持，当地政府和一些地方利益群体的合作就可带来改变。图8.1列举了在当地就可实现更加可持续的发展方式的若干行业。以下部分将这些部门中的部分进行详细说明，并简要概述这些部门的关键策略。

8.1　固体废弃物管理：集成式可持续废弃物管理（ISWM）
SOLID WASTE MANAGEMENT: INTEGRATED SUSTAINABLE WASTE MANAGEMENT (ISWM)

低成本高效率的固体废弃物管理成为21世纪的主要挑战之一。如何处理这种挑战往往会直接影响人们对城市政府工作效率的看法。这个框架是由WASTE（荷兰的一个非政府组织）及其南方伙伴组织，以及中低收入国家的固体废弃物管理工作小组（CWG）合作开发出来的，它被认为是废弃物部门实现可持续发展的有效手段。（参见图8.2）

图8.1：部门的业务流程
GRAPH8.1: ORCHESTRATION OF SECTORS

资料来源：*ECLAC, ESCAP, UN-HABITAT, Urban Design Lab (2011)*

集成式可持续废弃物管理包括三个重要方面

- **利益相关者**：不仅认识到传统的利益相关者，也要认识到非正式和未被发现的利益相关者，如街道清扫工人、垃圾拾荒者和从未参与回收的人群，以及废弃物产生源如家庭、旅馆等。

- **元素**：废弃物管理系统的技术元素只是整体流程的一部分。固体废弃物管理包括减少废弃物产生量、废弃物再利用等活动，且不同的利益相关者在不同尺度和层面上进行操作。

- **方面**：重点关注操作、财务、社会、制度、政治、法律和环境等各方面以评估目前情况。

8.2 可持续的城市能源
SUSTAINABLE URBAN ENERGY

为了减少能源生产的压力，城市需要削减能源消耗和促进消耗方式的转变。就算只是小部分减少个人能源的使用量，城市的总体能源消耗都会大幅度降低。节约能源仍然被认为是最具成本效益和对能源系统最有效的介入手段。这主要是由于用户终端的节约具有乘数效应（假设光等能源的转换中没有产生损耗，运输和分配

图8.2：集成式可持续废弃物管理（ISWM）框架组织
GRAPH8.2: INTEGRATED SUSTAINABLE WASTE MANAGEMENT (ISWM) FRAMEWORK

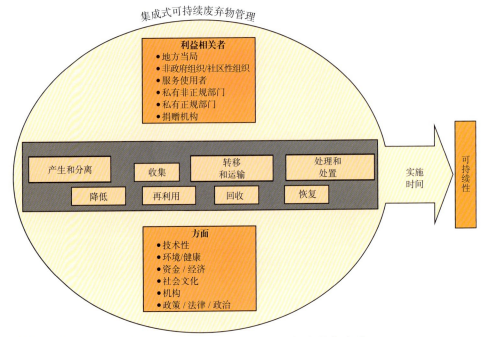

资料来源：*WASTE (advisers on urban environment and development), Gouda, the Netherlands*

过程中没有能源损耗，生产环节中也没有能源损耗）。减少能源消耗尤为重要，因为集中产生的能源在生产和传输过程中的损失可高达80%，这意味着减少使用20单位的能源就相当于减少生产100单位的能源。

改善建筑法规和改造现有建筑以提升能源利用效率同样能减少低质量建筑带来的一般性的能源浪费。在基础设施建设中采用绿色设计被认为是最低成本的选择，可大量节约能源消耗。

相对于采取直接的措施，如增加绝缘层和太阳能利用装置、自然通风、采用改进的照明技术和更好地利用日光，不仅非常有效，而且提高了当地的技术水平和刺激了当地的经济发展。

8.3 提升城市交通：通过发展公共交通导向型发展模式，打造可持续发展的无障碍城市
IMPROVED URBAN MOBILITY: A SUSTAINABLE, ACCESSIBLE CITY THROUGH TRANSIT ORIENTED DEVELOPMENT

2008年，交通运输业的二氧化碳排放量占全球二氧化碳排放量的比重高达22%。在亚洲，随着私家车拥有率的稳步提高，这个数字将持续上升（IEA, 2010）。

建立包括机动和非机动车辆交通在内的可持续交通运输基础设施，不仅可以降低城市的碳足迹，而且有助于创造一个为公民提供更高生活质量的充满活力的城市。

公共交通导向型的发展模式意味着城市发展提升了非机动交通的可达性，并降低了对机动车辆的整体依赖。

图8.3：能源金字塔—以照明为例
GRAPH8.3: ENERGY PYRAMID-EXAMPLE OF LIGHTING

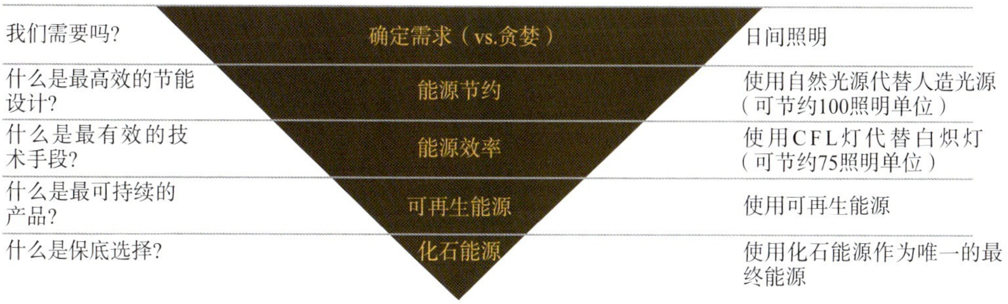

我们需要吗?
确定需求（vs.贪婪）
日间照明
什么是最高效的节能设计?
能源节约
使用自然光源代替人造光源（可节约100照明单位）
什么是最有效的技术手段?
能源效率
使用CFL灯代替白炽灯（可节约75照明单位）
什么是最可持续的产品?
可再生能源
使用可再生能源
什么是保底选择?
化石能源
使用化石能源作为唯一的最终能源

资料来源： *UN-HABITAT, IUTC (2012): Sustainable Urban Energy- A Sourcebook for Asia*

图8.4：适宜步行和骑行的城市循环
GRAPH8.4: CYCLE OF WALK-ABLE AND BIKE-ABLE CITIES

减少机动车的使用
以人为本的交通规划
增加的旅客量
替代模式的推广
宜居的城市，精明增长
NMT-和以人为本的土地利用
混合停车供应
混合使用，密度
适宜步行和骑行的城市循环

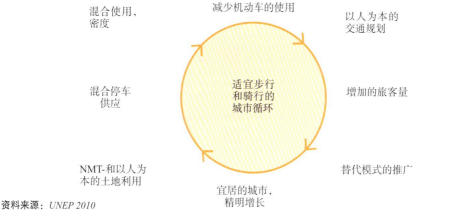

资料来源： *UNEP 2010*

公共交通导向型发展模式的主要特点：

- 有高速和高频率的公共交通服务
- 公交站台的可达性高
- 兼有住区、商业区和社区的功能
- 有舒适的公共空间、行人和自行车友好型街道
- 在公交站方圆800米范围内进行中、高密度发展
- 逐步降低的私家车停放率

（Adapted from Queensland, 2011）

思考:

在你看来，哪些部门通过有限的投资和简单的管理、治理转变就可获得最大的发展收益？

你认为有哪些机会可以使你所在城市的各个部门机关实现更密切的合作？

9 战略规划
STRATEGIC PLANNING

在进行规划时，不论是空间的、经济的、区域的、环境的，还是组织方面的规划，如果是从战略角度考虑问题，就会取得更有效的结果。战略规划被认为是帮助当地政府更高效地执行职能、制定和实施政策的一个重要工具。它能帮助城市避免制定只基于现状和短视的策略，保证长期的远景目标得以转化为可操作的目标。因此，战略规划是一个可以为行动提供框架的制定决策的系统过程：一种决定优先权、做出更优选择、分配稀有资源来达成既定目标的方法。

9.1 规划框架
THE PLANNING FRAMEWORK

为了使这种战略规划有效，最基础的一点是规划者和政策制定者必须牢记四个基本问题，这会有助于他们把握城市挑战、制定全面有效的长期发展计划。思考这四个基本问题意味着这一流程中的四个阶段：

- 我们现在正处于哪个阶段？

- 我们想要达到哪个阶段？

- 我们如何达到既定的阶段？

- 我们是否正在为达到既定的阶段而努力？

图9.1 阐明了如何通过更详细的10个步骤解答这四个问题

9.2 市域规划：循序渐进
CITYWIDE PLANNING: TAKING ONE STEP AT A TIME

以下部分将覆盖战略规划过程的每一步骤，强调政策/决策的制定者要将这些要点牢记于心才能有助于形成有效全面的规划过程。

战略规划为什么很重要？

- 它可以抓住并且动员不同的资源朝着一个共同的图景和目标。

- 参与战略规划的过程为提升企业、政府、工人、低收入人群之间必要的交流提供了一种途径。

- 如果做得好，它可以成为实现以下几点的一个方法：获得竞争优势、为双赢的解决方法识别合作机会、制造创新的选择、为更好地完成当地的优先事宜做出行动。

- 在实践层面，它可以通过强调不同选择下的实际损失和盈利为决策选择提供更好信息。

（ESCAP, UN habitat, 2011）

图9.1：战略规划的流程
GRAPH9.1: THE STRATEGIC PLANNING PROCESS

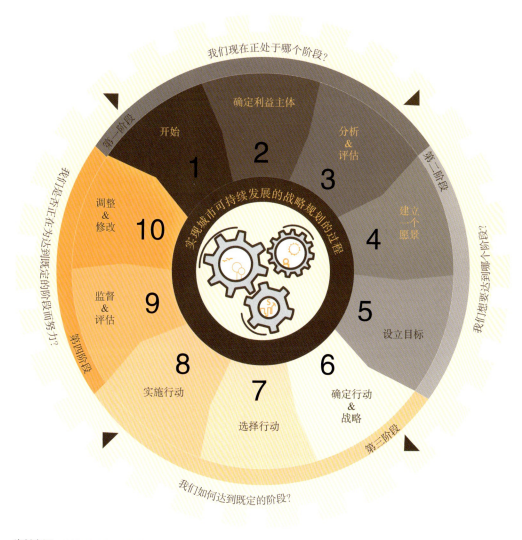

资料来源：ECLAC, UN-HABITAT, ESCAP and Urban Design Lab (2011)

第1步：获取政府支持、领导权和所有权

首先要确保规划在启动时及其要达成的目标有足够的地方性政策支持，有时甚至还需要国家层面的政策支持。除了官方和权力机构的支持，公众公示和公众参与也是很重要的，这确保规划能倾听人们的诉求，体现妇女和弱势、边缘群体的权利，清晰地认识和反映社会实际情况。在这之后，这些社会群体就会成为监督者，帮助我们确保规划得以实施。

第2步：确定管理过程中的责任

所有与城市规划相关的行政人员、（地方的或者国家的）技术型政府人员在战略规划过程中的责任都必须有清晰的定位。在以往的规划过程中通常做不到这一点，所以常常导致规划的管理混乱、职责重叠还有总体的低效率。

第3步：达成共识

市域的战略规划对一个城市意味着什么？了解一个城市的背景是十分必要的。通过背景可以了解利益主体所希望解决的问题的切入点。战略规划并不能提供适用于所有城市的解决方法，因此有必要针对不同城市的具体情况，找到其优势和劣势，这样才能够根据当地需求和需要优先解决的问题调整规划的过程。

第4步：构建一个愿景

信息搜集是战略规划的基本组成部分。在规划开始之前，应该对各个行业和领域已有的、与规划相关的研究、报告、规划、政策和发展战略进行回顾。这样不仅可以充分利用现有的规划框架，发现现有框架可能存在的不足，还可以帮助我们了解究竟哪些才是规划过程中最亟待解决的问题，并发现和（或）建立与其他项目的联系。根据收集到的信息，可以建立一个"在未来我们想要达到哪个规划阶段"的愿景。创造这个愿景的关键，是让所有主要的利益群体参与到规划中来，这样才能使愿景现实可行。

第5步：确定目标

这决定了发展基础设施的优先需求。战略规划的目标是决策制定过程的核心，因为所要实现的愿景将会引领行动来完成目标。因此，目标需要非常清晰明了。以下任务可以帮助你设定目标：确定城市存在的重要问题、组织这些问题、重新梳理这些问题和目标之间的关系、确保这些目标是环境友好的、并选择了相关的指标。

第6步：规划措施和规划战略

一旦目标确定，下一步就是编制用于达成目标的各项规划措施。这部分内容中，规划措施被视为一个个为了实现目标而独立存在的理念，而规划战略则是共同起作用的规划措施的组合，它可以使行业内和跨行业的各项措施的实施效率达到最大化。决策者需要仔细推敲这些规划措施与需要实现的既定目标的相关性及其可行性。

第7步：选择规划措施

下一步需要确定，哪些规划措施

可以更好地适应既定目标，应对社会、环境和经济问题，解决目前的城市规划中需要优先考虑的问题，并弥补当前城市规划中存在的不足。与此同时，要对这些规划措施和战略可能带来的影响进行评估，决策者可以根据评估结果，选择最优的规划措施。先评估已有规划的主要优势，然后再选择规划措施和战略，并对优势加以利用，这也是一种有效的选择规划措施的方法。

第8步：实施规划措施

一般而言，在把想法付诸实践时，规划者们往往会有不知从何处着手的感觉。有各种各样的原因会导致规划措施的实施受阻，比如缺乏政治意愿、缺少部门间的合作、资金和资源不到位等。如果在战略规划的早期阶段就考虑到这些问题，可以提高将规划措施付诸实践的可能性。

第9步：监督和评估

规划是一个持续性的过程。我们可以在本步骤里找到有关"我们是否正在为达到既定阶段而努力？"这个问题的答案。对规划进行监督是一个持续性的过程，它需要对规划过程中涉及的每一阶段及其带来的后果进行评估，并及早判断出阶段性的成果究竟是成功的还是失败的。而评估则是根据监督所得的信息判断是否需要对规划作出调整。

第10步：调整和修正

城市瞬息万变，所以需要根据城市的发展规律和现状，调整规划的目标和计划，同时也要将伴随城市发展而产生的全新的信息和知识纳入到规划中来。应该对长期性的规划和战略进行回顾，如果有必要，则要对其进行适当的调整，此类回顾需要每五年进行一次。

随着规划的不断推进，为了应对规划过程中可能出现的各种挑战，联合国人居署联合国际生态规划组织，合作开发了各种精细化的规划工具，包括"以战略规划促进地方经济发展"和"应对气候变化规划"。与此同时，还对规划过程进行不断的调整，以适用于拉加经委会、联合国人居署、亚太经社会和城市设计实验室"发展具有生态效益和社会包容性的城市基础设施指导原则"。

首尔
Seoul © UN-habitat

10 政策建议
POLICY RECOMMENDATIONS

10.1 地方政府的未来政策考虑
FUTURE POLICY CONSIDERATIONS FOR LOCAL GOVERNMENTS

规划考虑：

- 规划需提前考虑到高速增长的人口，并为在规划指导下的城市扩张分配需要预留的土地。

- 根据问题的尺度进行规划，要明确每个城市都有自己的特点和需求。

- 规划需要逐步进行，从街道开始，然后考虑供水、卫生设施、排水系统、能源等基础服务设施。这样可以优先增加分配给道路的用地比例，从而对服务的配给和累进税收给予支持。

- 确保城市网络的设计合理有效，以实现高效、可持续的交通体系和能源供应。

- 鼓励发展（或保持）混合用地和多功能空间，从而保证城市具有合理的密度，这样才能有利于发展规模经济和增强社会融合度。

- 鼓励公众参与城市规划，提高城市居民关注城市规划进程的意识和参与度。

经济考虑：

- 需要特别重视非正规经济，通过采取可持续的手段，使非正规经济在创造就业机会和住房建设方面发挥更积极的作用。

- 城市必须加强制度能力建设，制定战略性远景规划，以更加兼容并包的方式应对经济增长。

- 城市在发展经济时，为了挖掘经济增长的潜能并把握相应的发展机遇，必须要结合绿色经济所提倡的原则和技术。

社会考虑：

- 通过采用更全面、综合性更强且适用于整个城市的方法，来确保规划在一开始的时候就充分考虑到社会公平和包容性。

- 地方政府需要通力合作，减少城市不平等。

- 应该避免那些会破坏贫困社区经济和社会网络的非法驱逐。在必须清除贫民窟的地方，应当保证有公平的安置和补偿。

- 由于大多数的快速增长都预计会发生在城市中，气候变化问题应列为城市需迫切处理的重点问题。

环境考虑：

- 加大固体废弃物的利用程度，使之成为可以减少环境压力和为穷人提供机会的有用资源。

- 牢记提高基础设施的能源效率，以减少温室气体的排放。

- 持续关注可再生能源技术和工艺，尤其是当地的可再生能源。

治理和管理：

- 中小型城市的政策制定者应该关注基础设施和基础服务，提高城市治理能力。

- 在城市规划系统中创造等级更少、互动更多的工作方式，使规划过程更具合作性与灵活性，并促进不同部门和群体之间和内部的合作。

- 允许和鼓励具有包容性的、可参与的规划系统十分重要，它们可以加强知识与想法的交流，以帮助制定更好的规划。同样，允许公众参与的社区更容易拥有规划的主动权，这对产生长期、可持续的结果很重要。

- 尤其是当面对有限的资源和法律支持的时候，要重点关注规划方法的创新。为规划的管理规范建立公众支持是基础。

- 政策制定者应该关注具有全局性、综合性且适用于整个城市的规划方法。关键部门可以提供战略性的切入点，这样才能实现向可持续发展模式的转型。

扩展阅读
Further reading:

第一部分：

- UNEP, Atmospheric Brown Clouds: regional assessment report with focus on Asia (2008). Available from: *http://www.unep.org/pdf/ABC SummaryFinal.pdf*

- UN-HABITAT, The Challenge of Slums - Global Report on Human Settlements 2003 (2003a). Available from: *http://www.unhabitat.org/pmss/listItemDetails.aspx?publicationID=1156*

- UN-HABITAT, Slums of the World: the face of urban poverty in the new millennium (2003b). Available from: *http://www.unhabitat.org/pmss/listItemDetails.aspx?publicationID=1124*

- UN-HABITAT, Quick Guides for policy makers 1-7: Housing the poor in Asian cities (2008). Available from: *www.unhabitat.org/pmss/listItemDetails.aspx?publicationID=2918*

- UN-HABITAT, Global report on human settlements: Planning sustainable cities (2009). Available from: *http://www.unhabitat.org/content.asp?typeid=19&catid=555&cid=9272*

- UN-HABITAT, Collection of Municipal Solid Waste in Developing Countries (2011). Available from: *http://www.unhabitat.org/pmss/listItemDetails.aspx?publicationID=3072*

- UN-HABITAT, Solid Waste Management in the World's Cities: Water and Sanitation in the World's Cities (2010). Available from: *http://www.unhabitat.org/pmss/listItemDetails.aspx? publicationID=2918*

- World Watch Institute, State of the world 2009: into a warming world (2009). Available from: *http://www.worldwatch.org/node/5982*

- ESCAP, UN-HABITAT, State of Asian cities 2011 report.

第二部分：

- Cohen, Michael, William Morrish, Anushay Anjum, and Lisa Guaqueta (2009). Participatory Planning, Management and Governance, Strategy Paper for UN-HABITAT.

- ESCAP, UN-HABITAT, Are we building competitive and livable cities? Guidelines for developing eco-efficient and socially inclusive infrastructure (2011). Available from: *http://www.unescap.org/ESD/environment/infra/documents/UN_Sustainable_Infrastructure_Guidelines_Preview.pdf*

- UN-HABITAT and UN-ESCAP (2010) The State of Asian Cities 2010/11, UN-HABITAT, Fukuoka.

- Watson, V. (2009). The planned city sweeps the poor away.: urban planning and the 21st century urbanisation. Progress in Planning, 72, 151-193.

第三部分：

- Asia Business Council (2010). Addressing Asia's new green jobs challenge. Retrieved, 8 November, 2011 from: *http://www.asiabusinesscouncil.org/docs/GreenJobs.pdf*

- Asian Cities Climate Change Resilience Network (ACCCRN): responding to the urban climate challenge. Eds. ISET, Boulder, Colorado, USA, 60pp.

- Asian Development Bank, Access to justice for the urban poor: toward inclusive cities (2010). Available from: *http://www.adb.org/documents/reports/access-to-justice/access-to-justice.pdf*

- Sustainablecities.net (2011). The Green Economy. Available from: *http://sustainablecities.net/projects-overview/sci-notes/516-the-green-economy*

- UN-HABITAT (2011). Urban Patterns for sustainable development: towards a Green Economy. Draft working paper as input to the UNCSD Rio 2012 process. Available from: *http://www.unhabitat.org/downloads/docs/9539_39812_3077_alt.pdf*

- UN-HABITAT, Draft working paper: Urban patterns for sustainable development: towards a Green Economy (2011). Available from: *http://www.unhabitat.org/downloads/docs/9539_39812_3077_alt.pdf*

- UN-HABITAT, Collection of Municipal Solid Waste in Developing Countries (2011). Available from: *http://www.unhabitat.org/pmss/listItemDetails.aspx?publicationID=3072*

- UN-HABITAT, Solid Waste Management in the World's Cities: Water and Sanitation in the World's Cities (2010). Available from: *http://www.unhabitat.org/pmss/listItemDetails.aspx?publicationID=2918*

- UN International Strategy for Disaster Reduction. Hyogo Framework for Action 2005-2015: building the resilience of nations and communities to disasters (2005). Available from: *http://www.unisdr.org/files/1037_hyogoframeworkforactionenglish.pdf*

- Swilling, M., Robinson, B., Marvin, S. & Hodson, M. Discussion paper for expert group meeting in Nairobi: Growing greener cities (2011). Available from: *http://www.surf.salford.ac.uk/cms/resources/uploads/File/UNHabitat_14Feb.pdf*

- UN-HABITAT, Planning for Climate Change: A strategic, value based approach for urban planners. Version 1: for field testing and piloting in training (2011). Available from: *http://www.unhabitat.org/*

- *pmss/listItemDetails.aspx?publicationID=3164*

- Yuen, B. & Kong, L. (2009). Climate change and urban planning in Southeast Asia. Cities and Climate Change, 2, 1-12.

- UN HABITAT, Local leadership for climate change action (2010). Available from: *http://www.unhabitat.org/pmss/getElectronicVersion.aspx?nr=3162&alt=1*

- Green Careers Guide: what are Green jobs? (2011). Available from: *http://www.greencareersguide.com/What-Are-Green-Jobs.html*

- TIMEScience: What is a Green-collar job, exactly? (2008). Available from: *http://www.time.com/time/health/article/0,8599,1809506,00.html*

- IEA (International Energy Agency) (2010). World Energy Outlook 2010.Paris: IEA Publications

- Queensland Government: Department of Local Government and Planning (2011). Available from: *http://www.dlgp.qld.gov.au/local-area-planning/transit-oriented-development.html*